The Crocodile And Other Bilingual Italian-English Stories for Kids

Pomme Bilingual

Published by Pomme Bilingual, 2024.

While every precaution has been taken in the preparation of this book, the publisher assumes no responsibility for errors or omissions, or for damages resulting from the use of the information contained herein.

THE CROCODILE AND OTHER BILINGUAL ITALIAN-ENGLISH STORIES FOR KIDS

First edition. August 21, 2024.

Copyright © 2024 Pomme Bilingual.

ISBN: 979-8227518354

Written by Pomme Bilingual.

Table of Contents

Il Drago che Voleva Essere Piccolo

C'era una volta un grande drago di nome Zefiro, che abitava sulla cima della Montagna di Cristallo. Zefiro non era un drago come gli altri. Mentre gli altri draghi amavano volare alti nel cielo e sputare fiamme, Zefiro sognava di essere piccolo, molto piccolo, tanto da potersi nascondere tra i fiori o ripararsi sotto una foglia di quercia.

Zefiro trascorreva le sue giornate osservando gli uccellini che si rincorrevano nei rami degli alberi e le formiche che marciavano in fila lungo i sentieri. Li invidiava perché, a differenza di lui, potevano vivere tra le meraviglie della natura senza fare paura a nessuno. Zefiro, infatti, sapeva che la sua grandezza e il suo aspetto spaventoso facevano fuggire via tutti gli abitanti della foresta quando si avvicinava.

Un giorno, mentre camminava tristemente lungo il fiume, vide un minuscolo bruco verde che si arrampicava su una foglia. Zefiro si fermò a guardarlo con attenzione. "Oh, come vorrei essere piccolo come te!" sospirò.

Il bruco lo guardò con i suoi occhi minuscoli e sorrise. "Ma perché vorresti essere piccolo, grande drago? La tua grandezza è un dono!"

"Non sembra un dono," rispose Zefiro, "nessuno vuole essere mio amico perché tutti hanno paura di me."

Il bruco rifletté per un momento, poi disse: "Sai, un giorno diventerò una bellissima farfalla. Ma prima devo passare attraverso una trasformazione. Tu non devi cambiare il tuo aspetto, caro drago, ma forse puoi cambiare il modo in cui gli altri ti vedono."

Zefiro non capì subito cosa intendesse il bruco, ma decise di pensarci su.

La mattina dopo, Zefiro si svegliò determinato. Si avventurò nel bosco e cominciò a fare delle piccole gentilezze agli animali che incontrava. Aiutò una famiglia di conigli a costruire una tana sicura, usò le sue ali per proteggere un nido di uccellini dalla pioggia, e persino condivise il suo fuoco con una volpe infreddolita.

Pian piano, gli animali iniziarono a capire che Zefiro, nonostante la sua grandezza e il suo aspetto spaventoso, era un drago gentile e premuroso. Col passare del tempo, la foresta si riempì di risate e amicizia, e Zefiro divenne il drago più amato di tutti.

Un giorno, mentre volava sopra il bosco, Zefiro vide il bruco che ora era diventato una splendida farfalla. Si posò su un fiore e disse: "Hai ragione, non avevo bisogno di diventare piccolo. Dovevo solo mostrare il mio cuore grande quanto la mia statura."

La farfalla sorrise e volò via leggera, mentre Zefiro, con il cuore colmo di gioia, si distese al sole. Non desiderava più essere piccolo, perché aveva capito che era la grandezza del cuore a fare la differenza.

The Dragon Who Wanted to Be Small

O nce upon a time, there was a great dragon named Zefiro, who lived atop the Crystal Mountain. Zefiro was not like other dragons. While other dragons loved to soar high in the sky and breathe fire, Zefiro dreamed of being small, very small, small enough to hide among the flowers or take shelter under an oak leaf.

Zefiro spent his days watching the little birds flit through the branches and the ants marching in line along the paths. He envied them because, unlike him, they could live among the wonders of nature without scaring anyone. Zefiro knew that his size and frightening appearance made all the forest creatures flee whenever he approached.

One day, as he walked sadly along the river, he saw a tiny green caterpillar climbing up a leaf. Zefiro stopped to watch it closely. "Oh, how I wish I were as small as you!" he sighed.

The caterpillar looked at him with its tiny eyes and smiled. "But why would you want to be small, great dragon? Your size is a gift!"

"It doesn't feel like a gift," Zefiro replied, "no one wants to be my friend because everyone is afraid of me."

The caterpillar thought for a moment, then said, "You know, one day I will become a beautiful butterfly. But first, I must go through a transformation. You don't need to change your appearance, dear dragon, but maybe you can change the way others see you."

Zefiro didn't quite understand what the caterpillar meant, but he decided to think about it.

The next morning, Zefiro woke up determined. He ventured into the forest and began to do small acts of kindness for the animals he met. He helped a family of rabbits build a safe burrow, used his wings to shield a nest of baby birds from the rain, and even shared his fire with a cold fox.

Little by little, the animals began to realize that Zefiro, despite his size and fearsome appearance, was a kind and caring dragon. Over time, the forest filled with laughter and friendship, and Zefiro became the most beloved dragon of all.

One day, while flying over the woods, Zefiro saw the caterpillar, now transformed into a beautiful butterfly. He landed on a flower and said, "You were right, I didn't need to become small. I just needed to show that my heart was as big as my stature."

The butterfly smiled and fluttered away, while Zefiro, his heart filled with joy, stretched out in the sun. He no longer wished to be small, for he had learned that it is the greatness of the heart that truly matters.

Lara e il Sogno

C'era una volta, in un angolo lontano e nascosto del mondo, un unicorno di nome Lara. Lara era un unicorno diverso da tutti gli altri. Non aveva solo un corno scintillante sulla fronte, ma anche una pelliccia di un bianco luminoso che brillava come le stelle. Mentre gli altri unicorni amavano correre tra le nuvole e giocare nei campi di fiori incantati, Lara passava le sue notti a guardare il cielo, sognando di viaggiare fino alla Luna.

Lara era affascinata dalla Luna e dalle storie che i vecchi unicorni raccontavano su di essa. Dicevano che la Luna era una grande sfera di luce e mistero, e che chi riusciva a raggiungerla avrebbe scoperto segreti magici e desideri esauditi. Ma, nonostante i suoi sogni, Lara non aveva mai trovato il coraggio di partire per un viaggio così lontano. Il cielo era vasto e la Luna sembrava così distante.

Un giorno, mentre Lara camminava lungo il fiume che scintillava come una striscia d'argento, incontrò un vecchio gufo saggio che stava sonnecchiando su un ramo basso. Il gufo, di nome Saggio, notò l'espressione sognante di Lara e disse: "Cosa ti preoccupa, giovane unicorno? I tuoi occhi brillano come le stelle, ma vedo anche una nuvola di tristezza."

Lara si sedette accanto al gufo e gli raccontò del suo sogno di viaggiare fino alla Luna. "Ma sembra così lontana e impossibile da raggiungere," sospirò. "Ho paura di fallire e di deludere me stessa."

Saggio, con i suoi occhi saggi e profondi, rispose: "Non è la distanza a rendere un sogno impossibile, ma il coraggio di seguirlo. A volte, bisogna solo fare il primo passo, anche se sembra il più difficile."

Lara pensò alle parole del gufo e decise di provare. Il giorno dopo, si preparò per il viaggio. Raccolse un sacco di cibo, una coperta calda e una mappa che le mostrava il cammino verso la Luna. Anche se era spaventata, era determinata a scoprire se il suo sogno poteva diventare realtà.

Il viaggio fu lungo e pieno di avventure. Lara attraversò foreste misteriose, dove le piante sussurravano storie antiche, e scalò montagne imponenti, dove il vento cantava melodie meravigliose. Ogni passo la avvicinava un po' di più alla Luna e ogni sfida superata le dava una nuova forza.

Una notte, mentre era accampata sotto un cielo stellato, Lara si sedette a guardare le stelle e si accorse che le stesse stelle sembravano danzare. La magia di quel momento la riempì di una calma e di una forza che non aveva mai conosciuto. Sapeva che stava per arrivare da qualche parte speciale.

Finalmente, dopo un lungo viaggio, Lara raggiunse un campo di fiori argentati che brillavano come la Luna stessa. Al centro del campo c'era un grande specchio che rifletteva la luce della Luna. Lara si avvicinò e guardò nello specchio. Non vide solo il suo riflesso, ma anche le sue paure e i suoi sogni, intrecciati come fili d'argento.

Improvvisamente, la Luna apparve nel cielo notturno e parlò con una voce dolce e calma: "Hai avuto il coraggio di seguire il tuo sogno, e ora il tuo sogno è diventato parte di te. Non è importante solo arrivare, ma il viaggio e il coraggio che hai dimostrato."

Lara sorrise, con il cuore colmo di gioia e gratitudine. Aveva capito che la Luna non era solo un luogo da raggiungere, ma un viaggio interiore di scoperta e coraggio. Con un ultimo sguardo alla Luna, si avviò verso casa, felice di sapere che il vero tesoro era il viaggio stesso e la forza che aveva trovato dentro di sé.

Quando tornò al suo angolo nascosto del mondo, Lara continuò a raccontare la sua storia a tutti gli altri unicorni, non come una storia di viaggio, ma come una storia di coraggio e speranza. E ogni volta che guardava la Luna, sapeva che la magia era dentro di lei e che ogni sogno, anche il più lontano, era possibile se solo si aveva il coraggio di seguirlo.

Lara and the Dream

Once upon a time, in a distant and hidden corner of the world, there was a unicorn named Lara. Lara was not like other unicorns. She did not only have a shimmering horn on her forehead but also a coat of bright white that sparkled like the stars. While other unicorns loved to run through the clouds and play in enchanted flower fields, Lara spent her nights gazing at the sky, dreaming of traveling to the Moon.

Lara was captivated by the Moon and the tales old unicorns told about it. They said the Moon was a great sphere of light and mystery, and that whoever managed to reach it would discover magical secrets and wishes granted. Yet, despite her dreams, Lara had never found the courage to embark on such a far-off journey. The sky was vast, and the Moon seemed so distant.

One day, while Lara was walking along the river that shimmered like a silver stripe, she encountered an old wise owl named Sage, who was dozing on a low branch. Sage noticed Lara's dreamy expression and said, "What troubles you, young unicorn? Your eyes shine like the stars, but I also see a cloud of sadness."

Lara sat down beside the owl and told him about her dream of traveling to the Moon. "But it seems so far and impossible to reach," she sighed. "I'm afraid of failing and letting myself down."

Sage, with his wise and deep eyes, replied, "It is not the distance that makes a dream impossible, but the courage to follow it. Sometimes, you just need to take the first step, even if it seems the hardest."

Lara thought about the owl's words and decided to give it a try. The next day, she prepared for her journey. She packed some food, a warm blanket, and a map showing the way to the Moon. Although she was scared, she was determined to see if her dream could come true.

The journey was long and full of adventures. Lara crossed mysterious forests where the plants whispered ancient stories and climbed towering mountains where the wind sang beautiful melodies. Each step brought her closer to the Moon, and each challenge overcome gave her new strength.

One night, while camping under a starry sky, Lara sat and looked at the stars, noticing that they seemed to dance. The magic of that moment filled her with a calm and strength she had never known. She knew she was arriving somewhere special.

Finally, after a long journey, Lara reached a field of silver flowers that sparkled like the Moon itself. At the center of the field was a large mirror reflecting the Moon's light. Lara approached and looked into the mirror. She saw not only her reflection but also her fears and dreams intertwined like silver threads.

Suddenly, the Moon appeared in the night sky and spoke with a sweet and calm voice: "You had the courage to follow your dream, and now your dream has become part of you. It is not only important to arrive, but the journey and the courage you have shown."

Lara smiled, her heart full of joy and gratitude. She had realized that the Moon was not just a place to reach but an inner journey of discovery and courage. With one last look at the Moon, she set off for home, happy to know that the true treasure was the journey itself and the strength she had found within.

When she returned to her hidden corner of the world, Lara continued to tell her story to all the other unicorns, not as a story of travel, but as a story of courage and hope. And every time she looked at the Moon, she knew that magic was inside her and that every dream, even the farthest one, was possible if only one had the courage to follow it.

Il Vento e la Piccola Foglia

In un angolo tranquillo di una grande foresta, viveva un piccolo vento di nome Sussurro. Sussurro era un vento giovane, appena uscito dalla casa delle correnti d'aria, e non aveva ancora trovato il suo posto nel mondo. Gli altri venti erano esperti e potenti: il Vento del Nord era conosciuto per la sua forza, il Vento del Sud per la sua calura, e il Vento dell'Ovest per la sua dolcezza. Ma Sussurro, con il suo soffio leggero e incerto, non sapeva ancora cosa fare.

Ogni giorno, Sussurro vagava tra gli alberi, accarezzando le foglie e sussurrando segreti. Amava il modo in cui le foglie danzavano al suo passaggio, ma sentiva che non stava contribuendo abbastanza. "Forse non sono abbastanza forte," pensava spesso, "o forse non sono abbastanza importante."

Un pomeriggio d'autunno, mentre Sussurro fluttuava sopra un campo di erba dorata, notò una piccola foglia verde che si staccava da un albero. Era la foglia di un albero di quercia, e sembrava quasi spaventata mentre si librava nell'aria.

Sussurro si avvicinò e le disse: "Ciao, piccola foglia. Sembri un po' persa. Posso aiutarti?"

La foglia, tremando, rispose: "Non sono sicura di dove stia andando. Ho sentito le altre foglie parlare di luoghi meravigliosi, ma ora mi sento così sola e incerta."

Sussurro, sentendo la tristezza nella voce della foglia, decise di aiutarla. "Non preoccuparti," disse. "Ti accompagnerò. Ti mostrerò il mondo e ti aiuterò a trovare il tuo posto."

La foglia accettò con gratitudine, e così cominciò il viaggio. Sussurro e la foglia viaggiarono insieme attraverso i campi dorati, oltre fiumi scintillanti e attraverso boschi ombrosi. Mentre viaggiavano, Sussurro scoprì che anche se non era il vento più forte o il più veloce, aveva un dono speciale: la sua delicatezza e la sua attenzione.

Durante il viaggio, incontrarono vari abitanti della foresta: una famiglia di conigli che si preparava per l'inverno, un gruppo di uccellini che costruivano un nido, e persino una vecchia tartaruga che raccontava storie antiche. Ogni volta, Sussurro si fermava a ascoltare e a partecipare, e la piccola foglia si sentiva sempre più sicura e felice.

"Guarda," disse Sussurro una volta, mentre volavano sopra un lago tranquillo, "ogni piccola cosa ha un ruolo nel mondo. Anche una piccola foglia come te può avere un grande impatto."

La foglia osservò il suo riflesso sull'acqua e vide non solo il suo aspetto, ma anche tutte le esperienze e le avventure che aveva vissuto. Realizzò che, anche se era piccola, aveva già percorso un lungo viaggio e aveva scoperto cose meravigliose.

Un giorno, arrivarono in una radura incantata dove le foglie d'autunno danzavano nel vento come se fossero in una festa. La foglia si sentiva come se fosse finalmente a casa. "Non mi sento più sola," disse, "mi sento parte di qualcosa di più grande."

Sussurro sorrise e le disse: "Vedi, hai trovato il tuo posto. A volte, ci vuole solo un po' di tempo e qualcuno che ti aiuti a vedere il tuo valore."

La foglia, felice e soddisfatta, si posò su un ramo in mezzo alla radura. "Grazie per avermi mostrato il mondo," disse a Sussurro, "e per avermi fatto capire che ogni piccolo contributo è importante."

Sussurro continuò il suo viaggio, ora con una nuova comprensione di sé. Si rese conto che, anche se era un vento piccolo e giovane, aveva un'importante missione: aiutare e ispirare coloro che incontrava lungo il cammino.

E così, mentre il vento continuava a soffiare attraverso la foresta, portando con sé i sogni e le speranze degli alberi e delle foglie, Sussurro trovò il suo posto nel mondo, un posto fatto di gentilezza e amore.

The Wind and the Little Leaf

In a quiet corner of a great forest, lived a small wind named Whisper. Whisper was a young wind, just out of the house of the air currents, and had not yet found his place in the world. The other winds were experienced and powerful: the North Wind was known for its strength, the South Wind for its warmth, and the West Wind for its gentleness. But Whisper, with his light and uncertain breeze, didn't yet know what to do.

Every day, Whisper wandered among the trees, caressing the leaves and whispering secrets. He loved the way the leaves danced at his passing, but he felt he wasn't contributing enough. "Maybe I'm not strong enough," he often thought, "or maybe I'm not important enough."

One autumn afternoon, while Whisper floated above a field of golden grass, he noticed a tiny green leaf drifting away from a tree. It was the leaf of an oak tree and seemed almost frightened as it floated in the air.

Whisper approached and said, "Hello, little leaf. You seem a bit lost. Can I help you?"

The leaf, trembling, replied, "I'm not sure where I'm going. I heard the other leaves talk about wonderful places, but now I feel so alone and uncertain."

Feeling the sadness in the leaf's voice, Whisper decided to help. "Don't worry," he said. "I'll accompany you. I'll show you the world and help you find your place."

The leaf gratefully agreed, and so their journey began. Whisper and the leaf traveled together through golden fields, over shimmering rivers, and through shady forests. As they traveled, Whisper discovered that although he wasn't the strongest or fastest wind, he had a special gift: his gentleness and attention.

During the journey, they met various forest inhabitants: a family of rabbits preparing for winter, a group of birds building a nest, and even an old turtle telling ancient stories. Each time, Whisper would stop to listen and participate, and the little leaf felt increasingly safe and happy.

"Look," Whisper said once, while they were flying over a tranquil lake, "every little thing has a role in the world. Even a small leaf like you can have a big impact."

The leaf looked at its reflection in the water and saw not only its appearance but also all the experiences and adventures it had lived. It realized that, although small, it had already traveled a long way and discovered wonderful things.

One day, they arrived at an enchanted glade where autumn leaves danced in the wind as if at a party. The leaf felt as if it had finally found home. "I don't feel alone anymore," it said, "I feel part of something greater."

Whisper smiled and said, "You see, you've found your place. Sometimes, it just takes a little time and someone to help you see your worth."

The leaf, happy and content, settled on a branch in the middle of the glade. "Thank you for showing me the world," it said to Whisper, "and for helping me understand that every small contribution is important."

Whisper continued his journey, now with a new understanding of himself. He realized that, even though he was a small and young wind, he had an important mission: to help and inspire those he met along the way.

And so, as the wind continued to blow through the forest, carrying with it the dreams and hopes of the trees and leaves, Whisper found his place in the world, a place made of kindness and love.

La Canzone del Cuore Perduto

In un angolo incantevole di una piccola valle verde, viveva un giovane violinista di nome Lupo. Lupo non era un violinista qualsiasi; il suo violino era stato costruito con legno proveniente da un albero antico e magico. Questo violino non solo suonava melodie meravigliose, ma aveva anche il potere di riflettere i sentimenti e le emozioni di chi lo suonava.

Ogni giorno, Lupo si sedeva sotto un grande albero di quercia, al centro della valle, e suonava dolci melodie che facevano danzare le foglie e cantare gli uccelli. Gli abitanti del villaggio venivano ad ascoltarlo, e il suono del suo violino sembrava riempire l'aria di una magia speciale. Ma, nonostante la sua fama, Lupo sentiva un vuoto nel suo cuore, come se mancasse qualcosa di fondamentale nella sua musica.

Una sera, mentre il sole tramontava e il cielo si tingeva di sfumature di rosa e oro, Lupo sentì un'assenza, un silenzio profondo che sembrava avvolgere la sua anima. Decise di uscire dalla valle e cercare risposte. Non aveva idea di cosa stesse cercando, ma sentiva che doveva partire per un viaggio.

Seguendo il sentiero che si snodava tra le colline, Lupo si avventurò in un bosco incantato, dove gli alberi parlavano sottovoce e le stelle sembravano brillare più intensamente. Dopo ore di cammino, incontrò una vecchia tartaruga di nome Terra, che stava lentamente attraversando il sentiero.

"Salve," disse Lupo, "sono Lupo, un violinista in cerca di qualcosa che non riesco a definire. Puoi aiutarmi?"

Terra, con i suoi occhi gentili e saggio, lo guardò e rispose: "Ogni viaggio inizia con una domanda e spesso le risposte si trovano quando meno te lo aspetti. Ma ricorda, a volte quello che cerchi è dentro di te."

Lupo non era del tutto sicuro di cosa volesse dire Terra, ma continuò il suo cammino. Il viaggio lo portò attraverso campi di fiori che cantavano melodie di primavera e fiumi che raccontavano storie antiche. Ogni passo sembrava avvicinarlo alla risposta che cercava, ma il vuoto nel suo cuore rimaneva.

Una notte, mentre il cielo era illuminato dalla luce di una luna piena, Lupo si trovò davanti a una cascata incantata. L'acqua scintillava come diamanti e sembrava cantare una melodia che Lupo non aveva mai sentito. Decise di sedersi vicino alla cascata e suonare il suo violino, sperando che la magia del luogo potesse ispirarlo.

Mentre suonava, una dolce melodia emerse dal violino, e per un momento, Lupo sentì un'armonia perfetta tra la sua musica e il canto della cascata. Fu allora che vide una figura luminosa emergere dall'acqua: era una fata della musica, di nome Melodia.

"Ciao, Lupo," disse Melodia con una voce melodiosa. "Ho sentito la tua ricerca e la tua musica. Il tuo violino ha una voce unica, ma il tuo cuore è in cerca di una canzone che non hai ancora trovato."

Lupo, meravigliato, rispose: "Non capisco. Ho suonato così tante melodie, ma sento sempre che manca qualcosa."

Melodia sorrise e spiegò: "La canzone che cerchi non è una melodia da trovare, ma una storia da vivere. Ogni nota che suoni viene dalla tua esperienza, dai tuoi sogni e dalle tue emozioni. Per trovare la canzone del tuo cuore, devi vivere la tua vita con il cuore aperto e ascoltare le storie che ti circondano."

Con queste parole, Melodia scomparve nell'acqua scintillante, lasciando Lupo con una nuova consapevolezza. Capì che il vuoto che sentiva non era dovuto alla mancanza di una melodia, ma alla mancanza di una connessione profonda con le sue esperienze e le sue emozioni.

Lupo tornò al suo villaggio con un nuovo atteggiamento. Iniziò a suonare il violino non solo per intrattenere, ma per condividere le sue storie e i suoi sentimenti. La sua musica divenne un riflesso delle sue esperienze di vita e delle sue emozioni più profonde. Ogni nota era carica di vita e significato, e presto il villaggio scoprì una nuova magia nella sua musica.

Gli abitanti del villaggio si radunavano ogni sera per ascoltare Lupo, e le melodie che un tempo sembravano incomplete ora erano piene di gioia e di bellezza. Il violino di Lupo non suonava solo come uno strumento, ma come un racconto di vita e di amore, una vera canzone del cuore.

Con il tempo, Lupo comprese che la canzone che cercava era sempre stata dentro di lui, e che la vera magia stava nell'essere autentico e nel vivere con il cuore aperto. E così, ogni sera, mentre il sole tramontava e il cielo si tingeva di sfumature di rosa e oro, Lupo suonava la sua canzone del cuore, riempiendo la valle di melodie che raccontavano storie di bellezza, amore e speranza.

The Song of the Lost Heart

In a charming corner of a small green valley, lived a young violinist named Lupo. Lupo was no ordinary violinist; his violin was made from wood from an ancient and magical tree. This violin not only played beautiful melodies but also had the power to reflect the feelings and emotions of the one playing it.

Every day, Lupo would sit under a large oak tree at the center of the valley and play sweet melodies that made the leaves dance and the birds sing. The villagers would come to listen, and the sound of his violin seemed to fill the air with a special kind of magic. But despite his fame, Lupo felt a void in his heart, as though something fundamental was missing from his music.

One evening, as the sun set and the sky turned shades of pink and gold, Lupo felt an emptiness, a deep silence that seemed to envelop his soul. He decided to leave the valley and seek answers. He had no idea what he was searching for, but he felt he had to embark on a journey.

Following the path that wound through the hills, Lupo ventured into an enchanted forest, where the trees whispered softly and the stars seemed to shine more brightly. After hours of walking, he met an old and wise turtle named Terra, who was slowly crossing the path.

"Hello," Lupo said, "I'm Lupo, a violinist in search of something I can't quite define. Can you help me?"

Terra, with her kind and wise eyes, looked at him and replied, "Every journey begins with a question, and often answers come when you least expect them. But remember, sometimes what you're searching for is within you."

Lupo wasn't entirely sure what Terra meant, but he continued on his way. The journey took him through fields of flowers that sang springtime melodies and rivers that told ancient stories. Every step seemed to bring him closer to the answer he was seeking, but the void in his heart remained.

One night, as the sky was illuminated by the light of a full moon, Lupo found himself in front of an enchanted waterfall. The water sparkled like diamonds and seemed to sing a melody Lupo had never heard before. He decided to sit by the waterfall and play his violin, hoping that the magic of the place might inspire him.

As he played, a sweet melody emerged from the violin, and for a moment, Lupo felt a perfect harmony between his music and the song of the waterfall. It was then that he saw a luminous figure emerge from the water: it was a music fairy named Melodia.

"Hello, Lupo," Melodia said with a melodious voice. "I've heard your search and your music. Your violin has a unique voice, but your heart is seeking a song you have not yet found."

Lupo, amazed, replied, "I don't understand. I've played so many melodies, but I always feel like something is missing."

Melodia smiled and explained, "The song you seek is not a melody to be found but a story to be lived. Every note you play comes from your experiences, your dreams, and your emotions. To find the song of your heart, you must live your life with an open heart and listen to the stories around you."

With these words, Melodia disappeared into the sparkling water, leaving Lupo with a new understanding. He realized that the emptiness he felt wasn't due to the lack of a melody but to the lack of a deep connection with his experiences and emotions.

Lupo returned to his village with a new perspective. He began to play the violin not just to entertain, but to share his stories and feelings. His music became a reflection of his life experiences and deepest emotions. Each note was filled with life and meaning, and soon the village discovered a new magic in his music.

The villagers gathered every evening to listen to Lupo, and the melodies that once seemed incomplete were now full of joy and beauty. Lupo's violin no longer played just as an instrument but as a narrative of life and love, a true song of the heart.

In time, Lupo understood that the song he was seeking had always been within him, and that the true magic lay in being authentic and living with an open heart. And so, every evening, as the sun set and the sky turned shades of pink and gold, Lupo played his song of the heart, filling the valley with melodies that told stories of beauty, love, and hope.

Il Coccodrillo

In una vasta foresta tropicale, circondata da alberi alti e lussureggianti, scorreva un fiume tranquillo e cristallino chiamato Fiume della Luce. Questo fiume era famoso non solo per la sua bellezza mozzafiato, ma anche per il suo potere straordinario: rifletteva i sogni e le speranze di chi vi si specchiava.

In riva al fiume viveva un giovane coccodrillo di nome Coco. Coco era un coccodrillo come tanti altri, con scaglie verdi e robuste e un sorriso timido. Tuttavia, Coco aveva un desiderio speciale: voleva scoprire se il Fiume della Luce potesse mostrargli il suo futuro.

Ogni giorno, Coco si avvicinava al fiume e guardava il suo riflesso nell'acqua, sperando di vedere un segno che potesse rivelargli cosa gli riservava il futuro. Ma ogni volta, il fiume mostrava solo l'immagine di un coccodrillo un po' ansioso e insoddisfatto. Questo lo faceva sentire sempre più frustrato e insoddisfatto.

"Perché il fiume non mi mostra nulla di interessante?" si chiedeva Coco. "Perché non posso vedere il mio futuro come fanno gli altri?"

Un giorno, mentre il sole splendeva alto e il cielo era limpido, Coco sentì una voce melodiosa provenire dalla riva opposta del fiume. Era un canto dolce e affettuoso che sembrava raccontare storie di terre lontane e avventure straordinarie. Incantato dalla musica, Coco decise di attraversare il fiume per scoprire la fonte di quel canto.

Si avvicinò al fiume e, con un po' di esitazione, iniziò a nuotare verso l'altra riva. L'acqua era fresca e accogliente, e presto si trovò di fronte a una meravigliosa radura piena di fiori colorati e alberi di ogni forma e dimensione. Lì, sotto un albero di ciliegie in fiore, incontrò una volpe saggia e gentile di nome Violetta.

"Ciao," disse Violetta con un sorriso caloroso. "Mi chiamo Violetta. Ho sentito il tuo desiderio di scoprire il tuo futuro e sono felice che tu sia venuto fino a qui. Questo è il Giardino dei Sogni, un luogo dove i sogni e le speranze si intrecciano con la realtà."

Coco, affascinato, chiese: "Ma come posso scoprire cosa mi riserva il futuro?"

Violetta lo invitò a sedersi accanto a lei sotto l'albero di ciliegie. "Il futuro non è qualcosa che si può vedere in anticipo," spiegò. "Il futuro è come una tela bianca. Ogni giorno, le scelte che fai e le esperienze che vivi dipingono il tuo futuro. Il Fiume della Luce riflette solo quello che hai dentro di te, e per questo non hai visto nulla di straordinario."

Coco ascoltava attentamente. "Quindi, se non posso vedere il mio futuro nel fiume, come posso capire cosa fare?"

"Il segreto," disse Violetta, "è seguire il tuo cuore e vivere ogni giorno con passione e curiosità. Il futuro si svela attraverso le tue azioni e il tuo atteggiamento. Ogni esperienza, ogni incontro, è una parte di quella tela che stai dipingendo."

Con queste parole, Violetta portò Coco in un angolo speciale del giardino dove cresceva una pianta magica con foglie che cambiavano colore a seconda delle emozioni di chi le toccava. Coco si avvicinò alla pianta e, mentre accarezzava le foglie, notò che esse diventavano di un verde brillante, il colore della speranza e della crescita.

"Questo è un segno," disse Violetta. "Le foglie della pianta riflettono il tuo stato d'animo. Quando vivi con il cuore aperto e positivo, il tuo futuro sarà luminoso e pieno di opportunità."

Coco passò tutta la giornata esplorando il Giardino dei Sogni e scoprendo nuove meraviglie. Ogni angolo del giardino sembrava raccontare una storia, e Coco si sentiva ispirato e rinvigorito. Quando il sole cominciò a tramontare, Violetta lo accompagnò fino al fiume e gli disse addio.

Tornato al suo lato del fiume, Coco iniziò a vivere ogni giorno con una nuova consapevolezza. Non cercava più risposte nel riflesso del fiume, ma si dedicava con passione alle sue giornate. Scoprì che il Fiume della Luce non solo rifletteva i sogni e le speranze, ma anche le azioni e i pensieri di chi lo guardava.

Col passare del tempo, il cuore di Coco si riempì di gioia e soddisfazione. Ogni giorno era una nuova opportunità per dipingere la sua tela del futuro, e ogni esperienza arricchiva il suo cammino. Il suo riflesso nel fiume iniziò a mostrare un coccodrillo felice e sereno, e Coco capì che il futuro non era qualcosa da prevedere, ma qualcosa da vivere con passione e apertura.

Ogni sera, mentre il sole tramontava e il cielo si tingeva di sfumature dorate e arancioni, Coco si sedeva accanto al Fiume della Luce e sorrideva, grato per la bellezza del presente e per le infinite possibilità che il futuro gli riservava. Il fiume continuava a riflettere i suoi sogni e le sue speranze, ma ora sapeva che il vero segreto stava nel vivere ogni giorno con un cuore aperto e curioso.

The Crocodile

In a vast tropical forest, surrounded by tall and lush trees, flowed a serene and crystal-clear river called the River of Light. This river was famous not only for its breathtaking beauty but also for its extraordinary power: it reflected the dreams and hopes of those who looked into it.

On the riverbank lived a young crocodile named Coco. Coco was an ordinary crocodile, with green, sturdy scales and a shy smile. However, Coco had a special wish: he wanted to discover if the River of Light could show him his future.

Every day, Coco would approach the river and look at his reflection in the water, hoping to see a sign that might reveal what the future held for him. But every time, the river only showed the image of a somewhat anxious and unsatisfied crocodile. This made him feel increasingly frustrated and disheartened.

"Why doesn't the river show me anything interesting?" Coco would wonder. "Why can't I see my future like others do?"

One day, as the sun shone high and the sky was clear, Coco heard a melodious voice coming from the opposite bank of the river. It was a sweet and affectionate song that seemed to tell stories of distant lands and extraordinary adventures. Enchanted by the music, Coco decided to cross the river to discover the source of the song.

He approached the river and, with a bit of hesitation, began to swim towards the other side. The water was cool and welcoming, and soon he found himself in front of a wonderful clearing filled with colorful flowers and trees of every shape and size. There, under a cherry tree in bloom, he met a wise and gentle fox named Violetta.

"Hello," said Violetta with a warm smile. "My name is Violetta. I heard about your desire to discover your future, and I'm glad you came here. This is the Garden of Dreams, a place where dreams and hopes intertwine with reality."

Coco, fascinated, asked, "But how can I discover what the future holds for me?"

Violetta invited Coco to sit beside her under the cherry tree. "The future is not something you can see in advance," she explained. "The future is like a blank canvas. Every day, the choices you make and the experiences you live paint your future. The River of Light only reflects what you have inside you, and that's why you haven't seen anything extraordinary."

Coco listened attentively. "So, if I can't see my future in the river, how can I understand what to do?"

"The secret," said Violetta, "is to follow your heart and live each day with passion and curiosity. The future reveals itself through your actions and your attitude. Every experience, every encounter, is part of that canvas you're painting."

With these words, Violetta took Coco to a special corner of the garden where grew a magical plant with leaves that changed color according to the emotions of those who touched them. Coco approached the plant and, as he caressed the leaves, noticed they turned a bright green, the color of hope and growth.

"This is a sign," said Violetta. "The leaves of the plant reflect your state of mind. When you live with an open and positive heart, your future will be bright and full of opportunities."

Coco spent the entire day exploring the Garden of Dreams and discovering new wonders. Every corner of the garden seemed to tell a story, and Coco felt inspired and rejuvenated. As the sun began to set, Violetta accompanied him back to the river and said goodbye.

Back on his side of the river, Coco began to live each day with a new awareness. He no longer sought answers in the river's reflection but devoted himself with passion to his days. He discovered that the River of Light not only reflected dreams and hopes but also the actions and thoughts of those who gazed into it.

Over time, Coco's heart filled with joy and satisfaction. Each day was a new opportunity to paint his future canvas, and every experience enriched his journey. His reflection in the river began to show a happy and content crocodile, and Coco understood that the future was not something to be predicted but something to be lived with passion and openness.

Every evening, as the sun set and the sky turned shades of gold and orange, Coco would sit by the River of Light and smile, grateful for the beauty of the present and the endless possibilities that the future held. The river continued to reflect his dreams and hopes, but now he knew that the real secret was in living each day with an open and curious heart.

Il Mistero di Mezzanotte

In un piccolo villaggio ai piedi di una grande montagna, viveva un bambino di nome Leo. Leo era un bambino curioso e coraggioso, con occhi grandi e brillanti che sembravano sempre cercare qualcosa di nuovo. Amava esplorare i boschi che circondavano il villaggio, correre nei campi di fiori e ascoltare le storie che i vecchi raccontavano accanto al fuoco. Ma c'era una cosa che incuriosiva Leo più di ogni altra: il mistero della mezzanotte.

Ogni sera, quando le campane della chiesa suonavano l'ultima nota e il villaggio si addormentava, Leo sentiva parlare di strani eventi che accadevano a mezzanotte. Alcuni dicevano che a quell'ora gli animali del bosco iniziavano a parlare, altri che le stelle scendevano dal cielo per danzare nei campi. Alcuni parlavano di una misteriosa luce che brillava sulla cima della montagna, visibile solo quando l'orologio segnava le dodici precise.

Leo era affascinato da queste storie. Ogni notte, si coricava nel suo letto e guardava fuori dalla finestra, immaginando cosa potesse accadere a mezzanotte. Ma, nonostante la sua curiosità, non aveva mai osato rimanere sveglio abbastanza a lungo per scoprirlo.

Una notte, però, la curiosità prese il sopravvento. Decise che sarebbe rimasto sveglio fino a mezzanotte per scoprire la verità su quei misteri di cui tutti parlavano. Preparò una piccola torcia, si avvolse in una coperta e si sedette accanto alla finestra, aspettando che l'orologio battesse le dodici.

Il tempo sembrava passare lentamente. Le lancette dell'orologio si muovevano a malapena, e Leo lottava contro il sonno che cercava di prenderlo. Ma la sua determinazione era forte, e proprio quando pensava di non poter resistere più, l'orologio segnò finalmente la mezzanotte.

All'improvviso, il villaggio sembrò fermarsi. L'aria era silenziosa, e tutto era avvolto da un'ombra di mistero. Leo sentì un lieve sussurro provenire dal bosco, come se gli alberi stessi stessero parlando. Decise di seguire quel suono e, con la torcia in mano, uscì di casa, dirigendosi verso i boschi.

Mentre camminava tra gli alberi, il sussurro si fece più chiaro. Sembrava una melodia, dolce e malinconica, che lo guidava sempre più in profondità nel bosco. Gli alberi si piegavano leggermente al suo passaggio, come se lo stessero salutando, e il cielo sopra di lui si riempì di stelle che brillavano come mai prima d'ora.

Dopo un lungo cammino, Leo raggiunse una radura illuminata da una luce argentea. Al centro della radura, vide un grande albero, più antico e maestoso di tutti gli altri, con rami che si estendevano verso il cielo. Sotto l'albero c'era un cerchio di animali: volpi, cervi, gufi, e perfino un orso, tutti seduti in silenzio, come se stessero aspettando qualcosa.

Leo si avvicinò con cautela, incantato da ciò che stava vedendo. Gli animali lo notarono, ma non sembravano spaventati; anzi, gli fecero spazio, invitandolo a unirsi a loro. Leo si sedette sul morbido muschio accanto a una volpe che lo guardò con occhi gentili.

All'improvviso, l'albero iniziò a brillare di una luce dorata e una figura apparve tra i rami. Era una creatura alta e luminosa, con ali trasparenti che scintillavano come stelle. La creatura guardò Leo e gli sorrise. "Benvenuto, Leo," disse con una voce che sembrava un sussurro di vento. "Sei arrivato nel momento giusto."

Leo non poteva credere ai suoi occhi. "Chi sei?" chiese, la sua voce tremante per l'emozione.

"Sono lo Spirito della Mezzanotte," rispose la creatura. "Sono il custode di questo momento magico, quando il mondo si ferma e tutto è possibile. Ogni notte, a mezzanotte, il tempo si sospende, e i segreti più profondi della natura vengono rivelati a chi ha il coraggio di cercarli."

"Perché io?" chiese Leo, sentendosi piccolo di fronte a tanta meraviglia.

"Perché il tuo cuore è puro e la tua curiosità sincera," rispose lo Spirito. "Hai avuto il coraggio di seguire il mistero e di scoprire ciò che pochi hanno visto. Questo è il dono della mezzanotte: non solo vedere, ma capire il mondo con occhi nuovi."

Gli animali attorno a Leo sembravano annuire, come se sapessero esattamente cosa stava dicendo lo Spirito. Leo si sentì sopraffatto da un senso di pace e meraviglia. Capì che la mezzanotte non era solo un'ora del giorno, ma un momento di connessione profonda con la natura e con sé stesso.

Lo Spirito della Mezzanotte si avvicinò a Leo e, con un tocco leggero sulla fronte, gli donò un piccolo cristallo che brillava come una stella. "Tieni questo con te," disse. "Ti ricorderà sempre della magia che hai scoperto stanotte e ti guiderà quando avrai bisogno di trovare il tuo cammino."

Con il cristallo stretto in mano, Leo ringraziò lo Spirito e gli animali per averlo accolto. Sapeva che quel momento sarebbe rimasto con lui per sempre.

Quando l'orologio del villaggio suonò la prima ora del nuovo giorno, la luce dorata svanì, e lo Spirito della Mezzanotte si dissolse nell'aria, lasciando Leo solo nella radura. Ma non era più lo stesso Leo. Aveva scoperto qualcosa di speciale, qualcosa che nessuno poteva portargli via.

Tornato a casa, Leo si infilò di nuovo nel letto, con il cristallo ancora stretto nella mano. Chiuse gli occhi, e per la prima volta, sognò non di misteri irraggiungibili, ma di un mondo dove tutto era possibile, se solo si aveva il coraggio di cercarlo.

Da quel giorno in poi, Leo non ebbe più paura di rimanere sveglio fino a mezzanotte. Ogni volta che l'orologio segnava le dodici, sorrideva, sapendo che la mezzanotte era un momento speciale, un momento in cui il mondo sussurrava segreti a chi era disposto ad ascoltarli. E ogni volta che guardava il cristallo, si ricordava della notte in cui scoprì il mistero della mezzanotte e del dono prezioso che aveva ricevuto: la capacità di vedere la magia nel mondo e dentro di sé.

The Mystery of Midnight

O nce upon a time, in a small village at the foot of a great mountain, lived a boy named Leo. Leo was a curious and brave child, with big, bright eyes that always seemed to be searching for something new. He loved exploring the woods surrounding the village, running through fields of flowers, and listening to the stories the old folks told by the fire. But there was one thing that intrigued Leo more than anything else: the mystery of midnight.

Every evening, when the church bells chimed their last note and the village fell asleep, Leo would hear tales of strange events happening at midnight. Some said that at that hour, the animals in the forest began to speak, others that the stars descended from the sky to dance in the fields. Some spoke of a mysterious light that shone on the mountain's peak, visible only when the clock struck twelve.

Leo was fascinated by these stories. Each night, he would lie in bed and gaze out the window, imagining what might happen at midnight. But despite his curiosity, he had never dared to stay awake long enough to find out.

One night, however, his curiosity got the better of him. He decided that he would stay awake until midnight to uncover the truth behind those mysteries everyone talked about. He prepared a small torch, wrapped himself in a blanket, and sat by the window, waiting for the clock to strike twelve.

Time seemed to pass slowly. The hands of the clock barely moved, and Leo struggled against the sleep that tried to claim him. But his determination was strong, and just when he thought he couldn't hold on any longer, the clock finally struck midnight.

Suddenly, the village seemed to come to a halt. The air was silent, and everything was shrouded in a veil of mystery. Leo heard a faint whisper coming from the woods, as if the trees themselves were talking. He decided to follow that sound and, with his torch in hand, stepped out of the house, heading toward the forest.

As he walked among the trees, the whisper grew clearer. It sounded like a melody, sweet and melancholy, guiding him deeper into the woods. The trees bent slightly as he passed, as if they were greeting him, and the sky above him filled with stars that shone brighter than ever before.

After a long walk, Leo reached a clearing bathed in a silvery light. In the center of the clearing, he saw a great tree, older and more majestic than all the others, with branches that stretched toward the sky. Under the tree was a circle of animals: foxes, deer, owls, and even a bear, all sitting silently as if they were waiting for something.

Leo approached cautiously, enchanted by what he was seeing. The animals noticed him, but they didn't seem afraid; in fact, they made room for him, inviting him to join them. Leo sat on the soft moss next to a fox that looked at him with gentle eyes.

Suddenly, the tree began to glow with a golden light, and a figure appeared among the branches. It was a tall, luminous creature with transparent wings that sparkled like stars. The creature looked at Leo and smiled. "Welcome, Leo," it said in a voice that sounded like a whisper of wind. "You have arrived at the perfect time."

Leo couldn't believe his eyes. "Who are you?" he asked, his voice trembling with emotion.

"I am the Spirit of Midnight," the creature replied. "I am the guardian of this magical moment, when the world pauses and anything is possible. Every night at midnight, time suspends, and the deepest secrets of nature are revealed to those who have the courage to seek them."

"Why me?" Leo asked, feeling small in the face of such wonder.

"Because your heart is pure and your curiosity sincere," the Spirit replied. "You had the courage to follow the mystery and discover what few have seen. This is the gift of midnight: not just to see, but to understand the world with new eyes."

The animals around Leo seemed to nod, as if they knew exactly what the Spirit was saying. Leo felt overwhelmed by a sense of peace and wonder. He realized that midnight wasn't just an hour of the day, but a moment of deep connection with nature and with himself.

The Spirit of Midnight approached Leo and, with a light touch on his forehead, gave him a small crystal that glowed like a star. "Keep this with you," it said. "It will always remind you of the magic you discovered tonight and guide you when you need to find your way."

With the crystal clenched in his hand, Leo thanked the Spirit and the animals for welcoming him. He knew that this moment would stay with him forever.

When the village clock struck the first hour of the new day, the golden light faded, and the Spirit of Midnight dissolved into the air, leaving Leo alone in the clearing. But he was no longer the same Leo. He had discovered something special, something that no one could take away from him.

Back home, Leo crawled back into bed, still clutching the crystal in his hand. He closed his eyes, and for the first time, he didn't dream of unreachable mysteries, but of a world where anything was possible if only you had the courage to seek it.

From that day on, Leo was no longer afraid of staying awake until midnight. Every time the clock struck twelve, he would smile, knowing that midnight was a special moment, a time when the world whispered secrets to those willing to listen. And every time he looked at the crystal, he remembered the night he uncovered the mystery of midnight and the precious gift he had received: the ability to see magic in the world and within himself.

La Balena e il Mare d'Argento

In un vasto oceano, dove l'acqua scintillava come argento liquido e il cielo si fondeva con il mare, viveva una balena di nome Lira. Lira non era una balena comune. La sua pelle aveva un colore blu intenso, come il cielo notturno, e le sue pinne erano bordate d'argento, brillando sotto la luce della luna. Ma ciò che rendeva Lira davvero speciale era la sua voce: una melodia dolce e malinconica che si diffondeva per tutto l'oceano, un canto che raccontava storie di antichi mari e stelle lontane.

Lira amava cantare. Ogni notte, quando il mondo sprofondava nel silenzio e solo le stelle vegliavano sul mare, Lira emergeva dalla profondità e cominciava a cantare. Il suo canto era una carezza per le onde, e i pesci, le tartarughe e perfino gli uccelli marini si fermavano ad ascoltarla, incantati dalla bellezza di quella melodia.

Ma, nonostante il suo canto fosse amato da tutti, Lira si sentiva sola. L'oceano era vasto e profondo, e spesso si chiedeva se ci fosse qualcun altro là fuori, qualcuno che potesse capire davvero le storie che cantava. Sognava di incontrare un'altra creatura che condividesse il suo amore per il mare e le stelle, qualcuno con cui cantare insieme sotto il cielo notturno.

Una notte, mentre Lira stava cantando, notò qualcosa di strano. L'oceano era insolitamente calmo, e l'acqua rifletteva il cielo come uno specchio perfetto. Ma c'era qualcosa di diverso: una luce brillante che veniva dalle profondità del mare, una luce che non aveva mai visto prima.

Curiosa, Lira decise di seguire quella luce. Si immerse nelle profondità dell'oceano, nuotando sempre più in basso, mentre la luce diventava sempre più intensa. Dopo un lungo viaggio, Lira arrivò in un luogo che non aveva mai visto prima: una grande grotta sottomarina, le cui pareti erano ricoperte di cristalli che brillavano come stelle.

Al centro della grotta c'era una creatura maestosa: una balena gigante, molto più grande di Lira, con una pelle che brillava come l'argento e occhi che sembravano riflettere l'intero universo. La balena guardò Lira e sorrise. "Benvenuta, Lira," disse con una voce profonda e risonante, una voce che sembrava provenire dalle stesse profondità dell'oceano.

"Chi sei?" chiese Lira, incantata dalla maestosità della balena.

"Sono Selene, la guardiana dei mari e delle stelle," rispose la balena argentata. "Sono qui da molto tempo, osservando il mondo sopra e sotto le onde. E ho ascoltato il tuo canto, Lira. È un canto bellissimo, che racconta storie che pochi ricordano."

Lira si sentì arrossire sotto lo sguardo gentile di Selene. "Canto perché amo il mare e le stelle," disse timidamente. "Ma mi sento sola. Mi chiedo se ci sia qualcun altro che possa capire davvero quello che provo."

Selene si avvicinò a Lira e, con un gesto delicato, toccò la sua pinna. "Non sei sola, Lira," disse. "Il mare è pieno di storie, e ogni creatura ha il suo canto. Ma è raro trovare qualcuno che ascolti davvero. Il tuo canto è speciale perché racconta storie antiche, storie che risuonano nel cuore dell'oceano. E io sono qui per dirti che non devi cercare lontano per trovare chi ti comprenda. La comprensione nasce dall'ascolto, e tu hai il dono di ascoltare il mare e le stelle."

Lira ascoltò attentamente le parole di Selene, e per la prima volta, sentì una connessione profonda con l'oceano che l'aveva sempre circondata. Capì che il suo canto non era solo un modo per esprimere i suoi sentimenti, ma anche un mezzo per comunicare con il mondo intorno a lei.

Selene sorrise e si sollevò leggermente nell'acqua, facendo brillare i cristalli intorno a loro. "Vieni con me," disse. "C'è qualcosa che voglio mostrarti."

Lira seguì Selene fuori dalla grotta e insieme nuotarono attraverso l'oceano, risalendo verso la superficie. Quando emersero, Lira vide qualcosa di straordinario: l'intero cielo notturno era riflesso nel mare, e sembrava che le stelle stessero danzando sull'acqua.

"Questa è la Notte delle Stelle Cadenti," spiegò Selene. "È una notte speciale in cui il cielo e il mare si uniscono in un'unica danza. È il momento perfetto per cantare il tuo desiderio più profondo."

Lira guardò le stelle e sentì il suo cuore riempirsi di una gioia che non aveva mai provato prima. "Desidero trovare qualcuno con cui condividere il mio canto," disse dolcemente, lasciando che il desiderio si fondesse con il vento e le onde.

Selene sorrise e iniziò a cantare una melodia antica, una canzone che sembrava raccontare la storia dell'oceano stesso. Lira si unì al canto, e insieme le due balene riempirono la notte con la loro musica, una melodia che viaggiò oltre l'orizzonte, toccando il cuore di ogni creatura che la udì.

Mentre cantavano, Lira si accorse di qualcosa di straordinario: non era più sola. Da ogni parte dell'oceano, altre balene si unirono al loro canto, creando una sinfonia di voci che si armonizzavano perfettamente. Lira sentì il suo cuore espandersi di felicità. Finalmente aveva trovato quello che aveva sempre cercato: una connessione profonda con altre creature che condividevano il suo amore per il mare e le stelle.

Quando il canto finì, Lira si voltò verso Selene, con gli occhi pieni di gratitudine. "Grazie," disse. "Ora capisco che non sono mai stata davvero sola. Il mare è pieno di voci e storie, e io sono parte di qualcosa di molto più grande."

Selene annuì, con un sorriso gentile. "Ricorda, Lira, che il vero canto viene dal cuore. Continua a cantare e ascoltare, e troverai sempre compagnia nel vasto oceano."

Con queste parole, Selene si immerse nuovamente nelle profondità del mare, lasciando Lira a contemplare il cielo stellato sopra di lei. La giovane balena si sentì più leggera, come se un peso le fosse stato tolto dal cuore. Sapeva che ogni notte avrebbe continuato a cantare, non più per cercare qualcuno, ma per celebrare la bellezza del mare e delle stelle, sapendo che non era mai sola.

E così, Lira divenne conosciuta in tutto l'oceano come la balena dal canto più bello, una melodia che portava pace e gioia a chiunque la udisse. E ogni volta che qualcuno la ascoltava, sapeva che, da qualche parte nelle profondità del mare, Selene vegliava su di loro, continuando a raccontare le antiche storie del mare e delle stelle.

The Whale and the Silver Sea

In a vast ocean where the water shimmered like liquid silver and the sky merged with the sea, there lived a whale named Lira. Lira was not an ordinary whale. Her skin was a deep blue, like the night sky, and her fins were edged with silver, glowing under the moonlight. But what made Lira truly special was her voice: a sweet and melancholic melody that spread throughout the ocean, a song that told stories of ancient seas and distant stars.

Lira loved to sing. Every night, when the world fell silent and only the stars watched over the sea, Lira would rise from the depths and begin to sing. Her song was a caress for the waves, and fish, turtles, and even seabirds would stop to listen, enchanted by the beauty of the melody.

But despite her song being loved by all, Lira felt lonely. The ocean was vast and deep, and she often wondered if there was someone else out there who could truly understand the stories she sang. She dreamed of meeting another creature who shared her love for the sea and the stars, someone to sing with under the night sky.

One night, as Lira was singing, she noticed something strange. The ocean was unusually calm, and the water reflected the sky like a perfect mirror. But there was something different: a bright light coming from the depths of the sea, a light she had never seen before.

Curious, Lira decided to follow the light. She dove deep into the ocean, swimming lower and lower, as the light grew brighter and brighter. After a long journey, Lira arrived at a place she had never seen before: a large underwater cave, with walls covered in crystals that sparkled like stars.

At the center of the cave was a majestic creature: a giant whale, much larger than Lira, with skin that shone like silver and eyes that seemed to reflect the entire universe. The whale looked at Lira and smiled. "Welcome, Lira," she said in a deep, resonant voice, a voice that seemed to come from the depths of the ocean itself.

"Who are you?" Lira asked, enchanted by the whale's majesty.

"I am Selene, the guardian of the seas and the stars," the silver whale replied. "I have been here for a long time, watching the world above and below the waves. And I have heard your song, Lira. It is a beautiful song, telling stories that few remember."

Lira blushed under Selene's gentle gaze. "I sing because I love the sea and the stars," she said shyly. "But I feel lonely. I wonder if there is someone else who can truly understand what I feel."

Selene moved closer to Lira and, with a delicate gesture, touched her fin. "You are not alone, Lira," she said. "The sea is full of stories, and every creature has its own song. But it is rare to find someone who truly listens. Your song is special because it tells ancient stories, stories that resonate in the heart of the ocean. And I am here to tell you that you don't have to look far to find someone who understands you. Understanding comes from listening, and you have the gift of listening to the sea and the stars."

Lira listened carefully to Selene's words, and for the first time, she felt a deep connection with the ocean that had always surrounded her. She realized that her song was not just a way to express her feelings but also a means to communicate with the world around her.

Selene smiled and rose slightly in the water, making the crystals around them shine. "Come with me," she said. "There is something I want to show you."

Lira followed Selene out of the cave, and together they swam through the ocean, rising toward the surface. When they emerged, Lira saw something extraordinary: the entire night sky was reflected in the sea, and it seemed as though the stars were dancing on the water.

"This is the Night of Falling Stars," Selene explained. "It is a special night when the sky and the sea join in a single dance. It is the perfect moment to sing your deepest wish."

Lira looked at the stars and felt her heart fill with a joy she had never known before. "I wish to find someone to share my song with," she said softly, letting the wish blend with the wind and the waves.

Selene smiled and began to sing an ancient melody, a song that seemed to tell the story of the ocean itself. Lira joined in, and together the two whales filled the night with their music, a melody that traveled beyond the horizon, touching the hearts of every creature who heard it.

As they sang, Lira noticed something extraordinary: she was no longer alone. From every part of the ocean, other whales joined their song, creating a symphony of voices that harmonized perfectly. Lira felt her heart swell with happiness. She had finally found what she had always been searching for: a deep connection with other creatures who shared her love for the sea and the stars.

When the song ended, Lira turned to Selene, her eyes full of gratitude. "Thank you," she said. "Now I understand that I was never truly alone. The sea is full of voices and stories, and I am part of something much bigger."

Selene nodded with a gentle smile. "Remember, Lira, that the true song comes from the heart. Keep singing and listening, and you will always find companionship in the vast ocean."

With these words, Selene dove back into the depths of the sea, leaving Lira to contemplate the starry sky above her. The young whale felt lighter, as if a weight had been lifted from her heart. She knew that every night she would continue to sing, no longer searching for someone, but celebrating the beauty of the sea and the stars, knowing that she was never alone.

And so, Lira became known throughout the ocean as the whale with the most beautiful song, a melody that brought peace and joy to all who heard it. And every time someone listened to her, they knew that somewhere in the depths of the sea, Selene was watching over them, continuing to tell the ancient stories of the sea and the stars.

Il Granchio Coraggioso

In un angolo remoto di una tranquilla baia, viveva un piccolo granchio di nome Ciro. Ciro non era come gli altri granchi che abitavano quella costa. Mentre gli altri si accontentavano di scavare nella sabbia e nascondersi nelle loro tane sicure, Ciro sognava di esplorare il vasto oceano.

Ogni mattina, Ciro usciva dalla sua tana e guardava il mare, le onde che si infrangevano sulla riva e l'orizzonte che sembrava non avere fine. Sognava di cosa ci fosse oltre quelle onde, di quali misteri e meraviglie nascondesse il mare profondo.

"Non andare troppo lontano, Ciro," gli dicevano sempre i suoi amici granchi. "Il mare è pieno di pericoli e creature che potrebbero farti del male."

Ma Ciro non poteva fare a meno di sognare. Ogni giorno si avvicinava sempre di più all'acqua, toccando le onde con le sue chele e immaginando di essere un grande esploratore.

Un giorno, mentre Ciro si aggirava lungo la riva, trovò una conchiglia bellissima, lucida e colorata come un arcobaleno. Era diversa da qualsiasi altra conchiglia avesse mai visto. "Questa deve essere una conchiglia magica," pensò, stringendola delicatamente tra le chele. "Forse questa mi aiuterà a realizzare il mio sogno di esplorare il mare."

Ciro decise di portare la conchiglia con sé e, con un profondo respiro, si tuffò nell'acqua. All'inizio, le onde sembravano gigantesche, e il mare scuro e sconosciuto lo avvolgeva con la sua vastità. Ma ogni volta che si sentiva spaventato, Ciro stringeva la conchiglia e sentiva una forza nuova crescere dentro di lui.

Nuotò e nuotò, scoprendo nuove meraviglie a ogni angolo. Vide pesci dai colori sgargianti, coralli che brillavano come gioielli e grotte misteriose piene di segreti antichi. Ogni scoperta riempiva il cuore di Ciro di gioia e meraviglia.

Ma non era tutto facile. Durante il suo viaggio, Ciro incontrò anche delle difficoltà. Le correnti erano forti, e a volte si sentiva trascinato via dal suo percorso. Alcuni pesci più grandi cercavano di spaventarlo, e c'erano momenti in cui Ciro pensava di non farcela. Ma ogni volta che si sentiva sopraffatto, ricordava la conchiglia e la forza che gli dava.

Un giorno, Ciro si imbatté in una grande barriera corallina. Era la cosa più bella che avesse mai visto. I colori erano così vividi che sembravano dipinti dal più grande degli artisti. Ma c'era qualcosa di strano: la barriera sembrava silenziosa, troppo silenziosa. Non c'erano pesci che nuotavano tra i coralli, nessun suono di vita marina.

Curioso e preoccupato, Ciro decise di esplorare la barriera più da vicino. Fu allora che notò qualcosa di straordinario: c'era una grande rete di plastica intrappolata tra i coralli, e all'interno di essa, numerosi pesci erano intrappolati, incapaci di liberarsi.

Il cuore di Ciro si strinse. Sapeva che doveva fare qualcosa, ma la rete era grande e pesante, troppo per un piccolo granchio come lui. Tuttavia, non poteva semplicemente andarsene e lasciare quegli animali in pericolo.

"Non posso farlo da solo," pensò Ciro, stringendo forte la conchiglia. Ma poi si ricordò di tutte le cose che aveva superato fino a quel momento, di quanto coraggio aveva trovato dentro di sé. "Forse non posso farlo da solo, ma posso provarci."

Con determinazione, Ciro iniziò a mordere la rete con le sue chele. Era difficile, e sembrava che non stesse facendo alcun progresso, ma Ciro non si arrese. Continuò a lavorare, pezzo per pezzo, fino a quando una parte della rete finalmente si ruppe. I pesci cominciarono a fuggire, nuotando via verso la libertà.

Vedendo il successo, Ciro si sentì rinvigorito. Continuò a tagliare la rete, finché non ci fu più nulla che tenesse i pesci prigionieri. Quando l'ultimo pesce fu libero, Ciro sentì una gioia immensa esplodere nel suo cuore. Aveva fatto qualcosa di veramente grande, qualcosa che nessuno aveva mai pensato che potesse fare.

I pesci, grati, nuotarono attorno a Ciro, ringraziandolo con danze gioiose. "Sei un eroe, Ciro," gli dissero. "Hai salvato le nostre vite."

Ciro arrossì, sentendo il suo cuore gonfiarsi di orgoglio. "Non sono un eroe," disse umilmente. "Ho solo seguito il mio cuore e ho fatto quello che pensavo fosse giusto."

Quando Ciro tornò a riva, con la conchiglia ancora stretta tra le sue chele, sentì di aver finalmente trovato il suo posto nel mondo. Sapeva che, indipendentemente da quanto grande fosse il mare o quanti pericoli potesse incontrare, avrebbe sempre trovato il coraggio di affrontarli.

Da quel giorno, Ciro divenne famoso in tutta la baia come il granchio coraggioso. E ogni volta che qualcuno chiedeva come avesse trovato tanto coraggio, Ciro sorrideva e mostrava la conchiglia, dicendo: "Il coraggio non viene da ciò che tieni in mano, ma da ciò che tieni nel cuore."

E così, il piccolo granchio che sognava di esplorare il vasto oceano diventò una leggenda, una storia di coraggio e determinazione che veniva raccontata a tutte le creature del mare. E ogni notte, sotto le stelle, Ciro guardava l'oceano con un sorriso, sapendo che il mondo era pieno di meraviglie da scoprire, e che lui era pronto a scoprirle tutte.

The Brave Crab

In a remote corner of a tranquil bay lived a little crab named Ciro. Ciro was not like the other crabs that inhabited that coast. While the others were content to dig in the sand and hide in their safe burrows, Ciro dreamed of exploring the vast ocean.

Every morning, Ciro would leave his burrow and gaze at the sea, at the waves crashing on the shore, and at the horizon that seemed endless. He dreamed of what lay beyond those waves, of what mysteries and wonders the deep sea might hold.

"Don't go too far, Ciro," his crab friends would always say. "The sea is full of dangers and creatures that could harm you."

But Ciro couldn't help but dream. Each day, he would venture a little closer to the water, touching the waves with his claws and imagining himself as a great explorer.

One day, as Ciro wandered along the shore, he found a beautiful shell, shiny and colored like a rainbow. It was different from any other shell he had ever seen. "This must be a magic shell," he thought, holding it gently in his claws. "Maybe this will help me realize my dream of exploring the sea."

Ciro decided to take the shell with him, and with a deep breath, he plunged into the water. At first, the waves seemed enormous, and the dark, unknown sea enveloped him in its vastness. But every time he felt scared, Ciro clutched the shell and felt a new strength growing inside him.

He swam and swam, discovering new wonders at every turn. He saw fish of brilliant colors, corals that glowed like jewels, and mysterious caves filled with ancient secrets. Each discovery filled Ciro's heart with joy and wonder.

But it wasn't all easy. During his journey, Ciro also encountered difficulties. The currents were strong, and sometimes he felt swept off course. Some larger fish tried to scare him, and there were moments when Ciro thought he couldn't make it. But every time he felt overwhelmed, he remembered the shell and the strength it gave him.

One day, Ciro came upon a great coral reef. It was the most beautiful thing he had ever seen. The colors were so vivid they seemed painted by the greatest of artists. But there was something strange: the reef seemed quiet, too quiet. There were no fish swimming among the corals, no sound of marine life.

Curious and concerned, Ciro decided to explore the reef more closely. That's when he noticed something extraordinary: a large plastic net was tangled among the corals, and inside it, numerous fish were trapped, unable to free themselves.

Ciro's heart tightened. He knew he had to do something, but the net was large and heavy, too much for a small crab like him. However, he couldn't just leave and let those animals be in danger.

"I can't do this alone," Ciro thought, gripping the shell tightly. But then he remembered all the things he had overcome up to that point, how much courage he had found within himself.

"Maybe I can't do it alone, but I can try."

With determination, Ciro began to bite at the net with his claws. It was difficult, and it seemed like he wasn't making any progress, but Ciro didn't give up. He kept working, piece by piece, until part of the net finally broke. The fish began to escape, swimming away to freedom.

Seeing his success, Ciro felt reinvigorated. He continued to cut through the net until there was nothing left holding the fish prisoner. When the last fish was free, Ciro felt an immense joy explode in his heart. He had done something truly great, something no one had ever thought he could do.

The fish, grateful, swam around Ciro, thanking him with joyful dances. "You are a hero, Ciro," they said. "You saved our lives."

Ciro blushed, feeling his heart swell with pride. "I'm not a hero," he said humbly. "I just followed my heart and did what I thought was right."

When Ciro returned to the shore, still holding the shell in his claws, he felt he had finally found his place in the world. He knew that no matter how big the sea was or how many dangers he might encounter, he would always find the courage to face them.

From that day on, Ciro became famous throughout the bay as the brave crab. And whenever anyone asked how he had found so much courage, Ciro would smile and show them the shell, saying, "Courage doesn't come from what you hold in your hand, but from what you hold in your heart."

And so, the little crab who dreamed of exploring the vast ocean became a legend, a story of courage and determination that was told to all the sea creatures. And every night, under the stars, Ciro looked out at the ocean with a smile, knowing that the world was full of wonders to discover, and that he was ready to discover them all.